Tessloffs erstes Antwortbuch

Reptilien

Claire Llewellyn

Tessloff Verlag

Herausgeberin: Jennie Morris
Designer: John Jamieson
DTP-Koordinatorin: Sarah Pfitzner
Beratung: Claire Robinson, Norah Granger
Stichwörter: Jason Hook
Produktionskontrolle: Debbie Otter
Illustratoren: Chris Forsey 10–11, 12–13, 24–25;
Craig Greenwood 17*mr*, 17*or*; **Ray Grinaway** 8–9, 22–23;
Ian Jackson 11*or*; **David Marshall** 21*or*; **Nicki Palin** 14–15*m*;
Bernard Robinson 16–17*ul*; **Mike Rowe** 6–7, 18–19, 26–27;
Roger Stewart 28–29; **David Wright** 4–5, 20*ul*, 21*ml*.
Karikaturen: Ian Dicks
Bildrecherche-Leitung: Jane Lambert
Bildrecherche-Assistenz: Rachael Swann
Bildnachweis: 5*mr* Jean-Louis Le Moigne/NHPA;
7*or* François Gohier/Ardea London; 9*mr* Z. Leszczynski/
www.osf.uk.com; 13*or* J.A.L. Cooke/www.osf.uk.com;
15*or* Daniel Heuclin/NHPA; 19*mr* Martin Withers/Frank
Lane Picture Agency; 22*or* Françcois Gohier/Ardea London;
27*mr* Mark Jones/www.osf.uk.com; 29*or* Nigel J. Dennis/NHPA.
Artwork-Archiv: Wendy Allison, Steve Robinson
Übersetzung: Sabine Goehrmann

*Kingfisher Publications Plc hat größte Sorgfalt
aufgewandt, um die Foto-Copyrights richtig
zu nennen, und bittet um Entschuldigung,
sollte ein Fehler unterlaufen sein.*

Copyright © 2003 Tessloff Verlag, Nürnberg

Copyright © 2002 Kingfisher Publications Plc

Alle Rechte vorbehalten.

ISBN 3-7886-0991-5

Printed in China

INHALT

4 — **WAS** ist ein Reptil?

6 — **WO** leben Reptilien?

8 — **WELCHE** ist die größte Echse?

10 — **WIE** fangen sich Krokodile eine Mahlzeit?

12 — **WAS** ist der Unterschied zwischen Meeres- und Landschildkröten?

14 — **WELCHE** Schlangen häuten sich?

16 — **WO** legen Meeresschildkröten ihre Eier ab?

18 — **WO** versteckt sich der Blattschwanzgecko?

- 20 **WIE** blufft die Kragenechse ihre Feinde?
- 22 **WIE** fängt ein Kaiman Fische?
- 24 **WARUM** leben Reptilien in Wüsten?
- 26 **WELCHE** Echse frisst unter Wasser?
- 28 **WARUM** sind Schildkröten in Gefahr?
- 30 REPTILIEN-QUIZ
- 31 GLOSSAR
- 32 STICHWÖRTER

ÜBER dieses Buch

Hast du dich je gefragt, was der Unterschied zwischen Alligatoren und Krokodilen ist? Auf jeder Seite findest du die Antworten auf Fragen wie diese und viele andere über Reptilien. **Fett** gedruckte Wörter sind im Glossar auf Seite 31 erklärt.

Suche nach dem Auge

Überall im Buch findest du das Zeichen mit **Suche nach...** Darin steht der Name und das Bild von etwas, das irgendwo auf der Seite versteckt ist. Versuche es zu finden.

Nun weiß ich's ...

★ Diese Box enthält kurze Antworten auf die Fragen.

★ Sie werden dir helfen, all das Interessante über die Welt der Reptilien zu behalten.

WAS ist ein Reptil?

Suche nach dem Kopf

Schlangen, Echsen, Schildkröten und Krokodile gehören zu einer Tiergruppe, die wir Reptilien nennen. Reptilien sind **wechselwarme** Tiere, haben ein Skelett und eine zähe Haut, die aus Platten oder Schuppen besteht. Die meisten Reptilien legen Eier. Sie werden auf dem Land abgelegt und haben eine harte oder ledrige Schale.

Krokodil

Schildkröte

WIE viele Reptilien gibt es?

Es gibt ungefähr 6500 verschiedene Arten von Reptilien. Wissenschaftler haben sie in vier Gruppen eingeteilt: Echsen, Schlangen, Land- und Meeresschildkröten sowie **Krokodile**. Ein Reptil, die Tuatara oder Brückenechse, passt in keine dieser Gruppen. Das kleine echsenähnliche Reptil lebt nur in Neuseeland.

WELCHE Reptilien halten Rekorde?

Zwei Rekordhalter unter den Reptilien sind das Leistenkrokodil und die Anakonda. Ein Leistenkrokodil ist länger und schwerer als zwei hintereinander parkende Autos. Die Anakonda kann über zehn Meter lang und so schwer wie eine Kuh werden. Aber es gibt auch winzige Reptilien – eine Echse in der Karibik wird nur daumengroß!

Schlange

Echse

Wissenschaftler mit einer Anakonda

Da staunst du!

Es gibt nur 22 Arten von Krokodilen und Alligatoren, aber rund 3800 Echsenarten!

Einige Reptilien leben sehr lange. Riesenschildkröten können 120 Jahre und älter werden!

Nun weiß ich's...

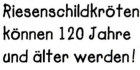

★ Ein Reptil ist ein wechselwarmes, schuppiges Tier, das ein Skelett hat.

★ Es gibt rund 6500 Arten von Reptilien.

★ Leistenkrokodile und Anakondas sind Reptilien, die Rekorde halten.

WO leben Reptilien?

Reptilien sind in vielen **Lebensräumen** heimisch – in Wüsten, **Regenwäldern,** Sümpfen, Flüssen und soga im Meer. Manche Reptilien leben in dunklen, feuchten Höhlen oder in unterirdischen Bauen. Reptilien kommen überall in der Welt außer in sehr kalten Gegenden vor. Aber die meisten leben in den **Tropen**, wo es das ganze Jahr hindurch warm ist.

Suche nach dem Krokodilwächter

WARUM nehmen Krokodile ein Sonnenbad?

Krokodile fühlen sich nach der kühlen Nacht träge, darum legen sie sich in die Morgensonne. Sobald ihre Körpertemperatur zu steigen beginnt, werden sie munter. Wenn es wärmer wird, gehen die Krokodile zum Abkühlen ins Wasser oder in den Schatten. Wie alle Reptilien sind sie wechselwarm – sie regeln ihre Körpertemperatur, indem sie zwischen Schatten und Sonne hin und her wandern.

Nilkrokodile sonnen sich an einem Flussufer

WELCHE Schlangen verschlafen den Winter?

Strumpfbandnattern leben in Gegenden, wo die Winter kalt sind. Wenn es im Herbst kühler wird, beginnen die Schlangen sich müde zu fühlen und suchen nach einer sicheren, trockenen Grube im Boden. Haben sie eine gefunden, rollen sie sich zusammen und schlafen bis zum Frühjahr. Sie halten Winterschlaf. Viele Schlangenarten überwintern auf diese Weise – manche bleiben bis zu acht Monaten im Jahr in ihrem Winterquartier!

Strumpfbandnattern verlassen ihr Winterquartier

Da staunst du!

Krokodile kühlen sich ab, indem sie eine kühle Brise in ihr weit geöffnetes Maul wehen lassen!

Bis zu 100 Klapperschlangen überwintern gemeinsam – gewöhnlich jedes Jahr an der gleichen Stelle!

Krokodile erlauben kleinen Vögeln, den Krokodilwächtern, in ihrem Maul nach **Parasiten** und Speiseresten zu suchen.

Nun weiß ich's...

★ Reptilien leben in vielen verschiedenen Lebensräumen überall in der Welt.

★ Krokodile sonnen sich, damit ihre Körpertemperatur steigt.

★ In kalten Gegenden halten Schlangen meist Winterschlaf.

WELCHE ist die größte Echse?

Suche nach der gegabelten Zunge

Komodo-Warane sind riesige Echsen, die auf Inseln in Südostasien leben. Von der Schnauze bis zum Schwanz messen sie drei Meter. Diese Echsen sind **Aasfresser,** aber sie töten auch Schweine, Ziegen und Hirsche mit ihrem tödlichen **Speichel.** Ein Tier, das von einem Komodo-Waran gebissen wird, stirbt.

Da staunst du!

Manche Echsen, die ihren Schwanz verlieren, kommen zurück – und fressen ihn!

Einige Echsen laufen auf ihren beiden Hinterbeinen. Der Streifenbasilisk, eine südamerikanische Echse, kann sogar auf der Wasseroberfläche laufen!

Komodo-Warane haben lange Krallen und kurze, kräftige Beine. Sie können schwimmen, auf Bäume klettern und wie ein Athlet bis zu 18 Kilometer in der Stunde laufen.

Komodo-Warane

Geckos haben keine Lider, um ihre Augen sauber zu halten – sie wischen Sand und Schmutz mit der Zunge weg.

WIE laufen Geckos an der Decke?

Geckos sind kleine, tropische Echsen, die oft in den Häusern der Menschen leben. Dort kann man sie an den Wänden und Fenstern und an der Decke laufen sehen. Sie können kopfüber laufen, ohne herunterzufallen, weil sie an den Füßen gerillte Polster haben. An den Rillen sitzen viele Häkchen, mit deren Hilfe sich Geckos auf der glatten Oberfläche fortbewegen können.

WARUM verlieren einige Echsen ihre Schwänze?

Raubtiere versuchen manchmal, eine davonjagende Echse an ihrem Schwanz zu packen. Dann kann die Echse ihre Schwanzspitze abwerfen. Dieser Trick lenkt den Räuber ab und ermöglicht der Echse die Flucht. Der Schwanz dieser Echse (unten) ist nur noch ein Stummel, aber mit der Zeit wächst er nach.

Streifenskink mit abgeworfenem Schwanz

Nun weiß ich's...

★ Die größte Echse ist der Komodo-Waran.

★ Geckos können mit Hilfe von gerillten Polstern unter den Füßen an der Decke laufen.

★ Einige Echsen können ihren Schwanz abwerfen, wenn sie einem Feind entkommen wollen.

Suche nach den Zähnen

WIE fangen sich Krokodile eine Mahlzeit?

Krokodile lauern ihren **Beutetieren** auf. Sie verbergen sich unter Wasser und verschließen Augen, Ohren, Nasenlöcher und Kehle mit Hautlappen. Wenn ein Tier zum Trinken ans Wasser kommt, kann es das Krokodil weder sehen noch riechen. Plötzlich taucht das Krokodil aus dem Wasser auf, schnappt nach dem Tier und ertränkt es.

WELCHES Krokodil lebt auch im Meer?

Die meisten Krokodile leben in **Süßwasser**, nur das Leistenkrokodil ist auch in Flussmündungen und Sümpfen an den Küsten Australiens heimisch. Die Schuppen seiner Haut sind dünner als die anderer Krokodile. Darum fällt ihm das Schwimmen leichter und es kann sich weit von der Küste entfernen.

Ein Leistenkrokodil beim Angriff

Krokodile können ihre Nahrung nur hinunterschlucken – nicht zerkauen. Sie pack ihre Beute mit ihren kräftigen Kiefern u schütteln sie hin und her, bis ein mundgerechter Bissen abgerissen i

WAS ist der Unterschied zwischen Alligatoren und Krokodilen?

Alligatoren und Krokodile sind schwer auseinanderzuhalten. Die Schnauze eines Alligators ist breit und rund, während die eines Krokodils dünner und spitzer ist. Anders als bei einem Alligator bleibt bei einem echten Krokodil auch bei geschlossenem Maul ein großer Zahn sichtbar. Andere Krokodile sind leichter zu erkennen – Gaviale haben eine sehr schlanke Schnauze.

Alligator

Krokodil

Gavial

Da staunst du!

Krokodilen wachsen ständig neue Zähne nach. Wenn sie im Kampf Zähne verlieren, nehmen bald neue ihren Platz ein!

Männliche Alligatoren verscheuchen in der Paarungszeit ihre Rivalen mit lautem Gebrüll!

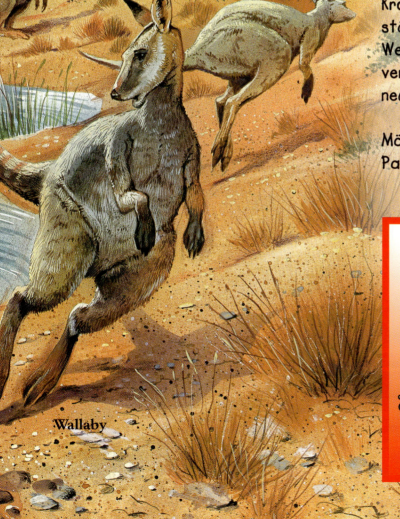

Wallaby

Nun weiß ich's...

★ Krokodile lauern ihrer Beute unter Wasser auf.

★ Leistenkrokodile leben im Meer vor der Küste Australiens.

★ Alligatoren und Krokodile haben unterschiedlich geformte Schnauzen.

Suche nach dem Fuß

WAS ist der Unterschied zwischen Meeres- und Landschildkröten?

Landschildkröten haben breite Füße, damit sie an Land gut laufen können. Meeresschildkröten haben Flossen und flachere Panzer, damit sie gut schwimmen können. Beide haben harte, hornartige Schnäbel. Landschildkröten ernähren sich von saftigen Pflanzen, während Meeresschildkröten Meerestiere fressen. Schildkröten, die in Flüssen und Seen leben, heißen Wasserschildkröten.

Karettschildkröte

Sternschildkröte mit Jungem

WIE schnell kann eine Schildkröte laufen?

Der Panzer einer Landschildkröte ist sehr schwer. Das ist der Grund, warum Landschildkröten nur etwa einen halben Kilometer in der Stunde vorankommen. Meeresschildkröten werden vom **Salzwasser** getragen, darum spielt das Gewicht ihres Panzers keine große Rolle. Sie können über 30 Kilometer in der Stunde schwimmen – so schnell, wie man Fahrrad fährt!

WELCHE Wasserschildkröte kann angeln?

Die Geierschildkröte aus dem Südosten Amerikas hat eine unter den Schildkröten einzigartige Methode, ihre Beute zu fangen. Wenn sie hungrig ist, legt sie sich mit weit geöffnetem Schnabel auf den Boden des Gewässers. Auf ihrer Zunge liegt ein zuckender Zipfel, der aussieht wie ein Wurm. Hungrige Fische schwimmen auf ihn zu, dann schlägt die Schildkröte ihre scharfen Kiefer zusammen und verschluckt ihn.

Geierschildkröte beim Fischfang

Die verschiedenen **Arten** von Schildkröten unterscheiden sich durch ihr Panzermuster. Das Muster dient der Schildkröte auch zur **Tarnung** vor Feinden, wie Vögeln und Füchsen.

Da staunst du!

Schildkröten haben schon vor mindestens 200 Millionen Jahren auf der Erde gelebt!

Einige Wasserschildkröten haben am Ende ihrer Nase ein Luftrohr, das wie ein Schnorchel aus dem Wasser ragt!

Nun weiß ich's...

★ Landschildkröten haben stämmige Beine zum Laufen. Meeresschildkröten haben Flossen zum Schwimmen.

★ Landschildkröten laufen 0,5 km in der Stunde.

★ Die Geierschildkröte angelt Fische.

Suche nach dem Nasenloch

WELCHE Schlangen häuten sich?

Die Haut einer Schlange platzt am Kopf auf und wird dann in einem Stück abgestreift. Wenn eine Schlange sich häutet, beginnt sie damit, ihren Kopf an einer rauen Oberfläche, wie einem Ast oder einem Stein, zu reiben.

Alle tun das! Die Haut einer Schlange wächst nicht mit, darum wird die Haut mit der Zeit zu eng. Alle paar Monate wirft die Schlange darum die zu klein gewordene oberste Schuppenschicht ab – sie **häutet** sich. Darunter hat sie eine neue Haut, die ihr besser passt.

WIE finden Schlangen ihre Beute?

Schlangen spüren ihre Beutetiere mit ihren Sinnen auf. Sie haben gute Augen, und mit ihrer tief gegabelten Zunge nehmen sie Gerüche in der Luft auf – sie **züngeln.** Einige Schlangen haben einen zusätzlichen Sinn – mit kleinen Gruben an den Seiten ihres Kopfes fühlen sie die Wärme von Tieren, die in der Nähe sind.

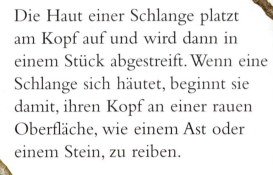

Schlangenaugen schließen sich nie, weil sie keine Lider haben. Sie liegen unter durchsichtigen Schuppen verdeckt.

Die Smaragd-Nachtbaumnatter beim Häuten

Eine Braune Nachtbaumnatter zeigt ihre Giftzähne

WARUM haben Schlangen Giftzähne?

Einige Schlangen, wie Boomslangs und Kobras, besitzen ein Paar scharfe, hohle **Giftzähne**. Damit spritzen sie ihrer Beute Gift ein. Das Gift wird in **Drüsen** an den Seiten des Kopfes erzeugt. Es wird durch eine enge Röhre aus den tödlichen Giftzähnen gedrückt.

Da staunst du!

Keine einzige Schlange ist Pflanzenfresser – alle brauchen tierische Nahrung!

Wir haben 29 Knochen in unserer Wirbelsäule – eine Schlange hat bis zu 400!

Nun weiß ich's...

★ Alle Schlangen häuten sich mehrmals im Jahr.

★ Schlangen finden ihre Beute mit Hilfe ihrer scharfen Sinne.

★ Manche Schlangen töten Tiere mit ihren Giftzähnen.

WO legen Meeresschildkröten ihre Eier ab?

Meeresschildkröten legen ihre Eier in Gruben an Sandstränden ab. Zwei Monate später schlüpfen die winzigen Schildkröten aus den Eiern und schaufeln sich aus dem Sand. Dann hasten sie zum Meer. Sie müssen sich beeilen, um nicht Möwen oder anderen Fressfeinden zum Opfer zu fallen.

Da staunst du!

Klapperschlangen haben bis zu 10 Junge auf einmal, aber bei anderen Schlangen können es bis zu 40 sein!

Meeresschildkröten legen ihre Eier in mondhellen Nächten. Jedes Weibchen legt rund 100 Eier, bevor es zum Meer zurückeilt.

WIE kommen Schlangen zur Welt?

Die meisten Schlangen legen Eier, aus denen Junge schlüpfen. Königsschlangen und einige Vipern aber sind **lebendgebärend,** das heißt, sie bringen bereits fertig entwickelte Junge zur Welt. Wie bei den meisten anderen Reptilien kümmert sich die Mutter nicht um ihren Nachwuchs. Einige Schlangenjunge haben scharfe Giftzähne und können gut für sich sorgen!

Ein Schlangenjunges beim Schlüpfen

WARUM sind Krokodile gute Mütter?

Krokodilweibchen bewachen ihre Gelege. Wenn sie ihre Jungen rufen hören, öffnen sie die Nester und helfen ihnen beim Schlüpfen. Dann tragen sie die Kleinen in ihrem Maul zum Flussufer.

Ein Krokodil trägt seine Jungen vorsichtig im Maul

Nun weiß ich's...

★ Meeresschildkröten legen ihre Eier in Löcher an Sandstränden.

★ Im Unterschied zu anderen Reptilien sorgen Krokodile für ihre Jungen.

★ Die meisten Schlangen legen Eier.

WO versteckt sich der Blattschwanzgecko?

Der Blattschwanzgecko verbirgt sich auf Baumstämmen. Er hat einen flachen Körper, eine borkenartige Haut und einen wie ein Blatt verbreiterten Schwanz. Dadurch kann er sich seiner Umgebung vollkommen anpassen. Durch Tarnung sind Tiere wie der Gecko für Feinde kaum zu entdecken.

Blattschwanzgeckos leben in den Regenwäldern Australiens und Madagaskars.

Suche nach dem Schwanz

WARUM sind Korallenschlangen bunt geringelt?

Kein Tier kann die Korallenschlange mit ihren roten, schwarzen und weißen Streifen übersehen. Die grelle Färbung warnt andere Tiere, dass die Schlange giftig ist. Das hält Angreifer auf Abstand und schützt Korallenschlangen vor Gefahren.

Bunt geringelte Korallenschlange

WIE tarnen sich Chamäleons?

Chamäleons tarnen sich auf ganz besondere Weise – ihre Hautfarbe passt sich ihrer Umgebung an. Wenn diese Echse sich bewegt, verändert sich die Größe von **Zellen** in ihrer Haut, wobei sich Farbstoffe in ihnen näher an die Oberfläche oder weiter nach innen verschieben. Ein Chamäleon braucht etwa fünf Minuten für einen vollständigen Farbwechsel.

Eine grüne Hautfärbung tarnt das Lappenchamäleon perfekt in belaubten Zweigen.

Da staunst du!

Die Milchschlange hat die gleichen Farbringe wie die giftige Korallenschlange, gehört aber einer anderen Ordnung an. Obwohl sie harmlos ist, halten andere Tiere sie für gefährlich und meiden sie!

Die Zunge eines Chamäleons ist so lang wie sein ganzer Körper! Und sie hat eine klebrige Spitze, die blitzartig vorgeschnellt wird!

Nun weiß ich's...

★ Blattschwanzgeckos verbergen sich im Laub der Bäume.

★ Korallenschlangen sind zur Warnung für andere Tiere grell gefärbt.

★ Chamäleons wechseln ihre Färbung, um von Feinden nicht bemerkt zu werden.

Suche nach den Klapper

WIE blufft die Kragenechse ihre Feinde?

Wenn eine Kragenechse bedroht wird, richtet sie einen großen Hautlappen um ihren Hals herum auf, sperrt das Maul auf und faucht. Das ist aber nur ein Trick. Die harmlose Echse versucht, möglichst groß und bedrohlich zu wirken, um Fressfeinde in die Flucht zu schlagen.

Wenn eine Kragenechse ihre Halskrause spreizt, sieht sie viermal größer aus, als sie in Wirklichkeit ist.

WOMIT klappert eine Klapperschlange?

Wenn große Tiere der Klapperschlange zu nahe kommen, droht sie ihnen und versucht, sie abzuschrecken. Sie schüttelt ihr Schwanzende, an dem harte, trockene Hornringe sitzen, und erzeugt so ein lautes, scharfes „Klappern". Sobald die Tiere das Geräusch hören, suchen sie das Weite.

Eine Klapperschlange schwingt ihr Schwanzende

Ein Chuckwalla in einer Felsspalte

WELCHE Echse klemmt sich fest?

Der Chuckwalla ist eine Echse, die in den steinigen Wüsten Nordamerikas lebt. Bei Gefahr kriecht der Chuckwalla in Gesteinsspalten. Dann bläst er seinen Körper mächtig auf und verankert sich so fest, dass ein Angreifer außer Stande ist, ihn herauszuziehen.

Da staunst du!

Die Blauzunge ist ein Skink, der seine Feinde verscheucht, indem er seine tiefblaue Zunge weit herausstreckt!

Die Ringelnatter ist eine großartige Schauspielerin. Sie überlistet ihre Feinde, indem sie sich tot stellt!

Nun weiß ich's...

★ Die Kragenechse beeindruckt ihre Feinde mit gespreiztem Kragen.

★ Klapperschlangen vertreiben Angreifer durch Schütteln ihres Schwanzendes.

★ Ein Chuckwalla klemmt sich in Gesteinsspalten ein.

Suche nach dem Auge

WIE fängt ein Kaiman Fische?

Kaimane leben in den Flüssen und Sümpfen südamerikanischer Regenwälder. Sie ernähren sich von glitschiger Beute, wie Fischen und Fröschen. Ihre nach innen und nach hinten gebogenen, scharfen Zähne helfen ihnen, den Fang sicher zu packen.

Ein Brillenkaiman schnappt sich einen Fisch. Gelegentlich fängt er auch kleine **Säugetiere**.

Eine auf der Lauer liegende Gabunviper

WO verstecken sich Gabunvipern?

Gabunvipern verbergen sich auf dem Regenwaldboden. Durch das Muster ihrer Haut sind sie vom welken Laub nicht zu unterscheiden. Sie bleiben unbeweglich liegen, bis ein Beutetier vorbeikommt. Dann schnellen sie vor, schlagen ihre Giftzähne in das Tier und spritzen das Gift in die Bisswunde ein.

Da staunst du!

Die Giftzähne der Gabunviper sind bis zu 5 cm lang – ungefähr so lang wie dein Daumen!

Wenn eine Schmuckbaumnatter fliegen will, macht sie ihren Körper flach, zieht ihren Bauch ein und gleitet durch die Luft!

Ein Flugdrache gleitet mit Hilfe seiner „Flügel" durch die Luft.

WELCHE Echse hat Flügel?

Der Flugdrache lebt in den Regenwäldern Südostasiens. An den Körperseiten hat er zwei Hautlappen, die er spreizt, wenn er von einem Baum springt. Dank dieser „Flügel" kann er seinen Fressfeinden wie an einem Fallschirm davongleiten oder Beutetiere, wie Fliegen und andere Insekten, erwischen.

Nun weiß ich's...

★ Ein Kaiman fängt Fische mit seinen spitzen Zähnen.

★ Gabunvipern verbergen sich auf dem Regenwaldboden.

★ Der Flugdrache gleitet dank „Flügel" genannter Hautlappen durch die Luft.

Suche nach dem Wüstenkaninchen

WARUM leben Reptilien in Wüsten?

Für viele Tiere wäre es schwierig, in Wüsten zu überleben, aber Reptilien sind an den trockenen Lebensraum gut angepasst. Ihre dicke, schuppige Haut verhindert, dass sie austrocknen. Und weil ihre Energie von der Sonne kommt, brauchen sie nur wenig Nahrung.

WELCHES ist die beste Fortbewegung auf Sand?

Es ist nicht einfach, sich auf lockerem, sandigem Boden vorwärtszubewegen – man sinkt ein und kommt nicht voran! Die Gehörnte Klapperschlange hat das Problem durch eine Fortbewegungsart gelöst, die Seitenwinden genannt wird. Sie kommt mit großer Schnelligkeit durch S-förmige Bewegungen des Körpers voran.

Gehörnte Klapperschlange

Wüstenleguan

Texas-Krötenechse

Kängururatte

WIE kühlt sich eine Gopherschildkröte ab?

Die Gopherschildkröte vermeidet die heißen Tagesstunden, indem sie sich in einer unterirdischen Höhle verbirgt. Wenn die Schildkröte aber doch einmal in die Sonne muss, **uriniert** sie auf ihre beiden Hinterbeine. Der Urin verdunstet in der Wüstenluft und kühlt das Tier ab.

Da staunst du!

Der in Australien heimische Wüstenteufel ist nie durstig – er trinkt den Tau, der von seinen Stacheln abläuft!

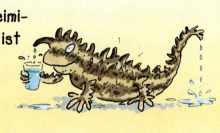

Eine Gopherschildkröte kann ein ganzes Jahr ohne zu trinken auskommen!

Gila-Krustenechse

Gopherschildkröte

Nun weiß ich's...

★ Reptilien sind bestens an das Wüstenleben angepasst.

★ Seitenwinden ist eine gute Fortbewegungsart auf Sand.

★ Die Gopherschildkröte kühlt sich durch Urinieren ab.

Suche nach dem Fuß

WELCHE Echse frisst unter Wasser?

Die Meerechse ist die einzige Echse, die ihr Futter unter Wasser sucht. Sie lebt auf den Galapagos-Inseln vor der Küste Ecuadors. Sie taucht nach Algen, die auf untermeerischen Felsen wachsen. Meerechsen können fast eine Stunde unter Wasser bleiben.

WARUM haben Seeschlangen platte Schwänze?

Die Seeschlange hat einen seitlich abgeplatteten Schwanz. Sie benutzt ihn beim Schwimmen als Paddel. Einige Seeschlangen schwimmen im offenen Meer. Andere, wie Bungars, bleiben in Küstennähe. Sie tauchen zum Meeresgrund und suchen zwischen Felsen nach Fischen.

Blaufuß-tölpel

Meerechsen

Scharlachrote Felsenkrabbe

Plättchen-Seeschlange

Da staunst du!

Meerechsen liegen nachts übereinander, damit sie warm bleiben!

Seeschlangen sind die giftigsten aller Schlangen – sie töten mehr Menschen als jedes andere Meerestier!

WIE ruht sich die größte Schildkröte der Welt aus?

Die größte aller Schildkröten, die Riesenschildkröte, lebt auf den Galapagos-Inseln. Auf den **vulkanischen** Inseln gibt es Tümpel, die von unterirdischem, heißem Gestein erwärmt werden. Die Meeresschildkröten legen sich gern in das warme Wasser wie wir in die Badewanne!

Galapagos-Riesenschildkröten suhlen sich in den warmen, vulkanischen Tümpeln.

Nun weiß ich's...

★ Die Meerechse ist die einzige Echse, die unter Wasser frisst.

★ Seeschlangen hilft ihr platter Schwanz beim Schwimmen.

★ Riesenschildkröten liegen gern in warmen, vulkanischen Tümpeln.

WARUM sind Schildkröten in Gefahr

Suche nach dem Abzeichen

Schildkröten sind in Gefahr **auszusterben.** Tausende werden wegen ihres Fleisches und ihrer Panzer erlegt, während andere elendig in Fischereinetzen ertrinken. Schildkröten haben auch weniger Junge als früher. Das liegt daran, dass die Weibchen an ihren Nistplätzen von Geräuschen und Lichtern der Hotels gestört werden. Wissenschaftler helfen ihnen und bringen ihre Eier an ruhigere Strände, damit möglichst viele Schildkröten ausschlüpfen können.

Diese kleinen Schildkröten sind aus Eiern geschlüpft, die von Wissenschaftlern eingesammelt wurden. Nun können die Schildkröten ins Meer laufen und sind vor Vögeln und anderen Feinden sicher.

Da staunst du!

Der China-Alligator ist vom Aussterben bedroht – nur noch ein paar Hundert leben in Freiheit!

Die Riesenschildkröte braucht Schutz – ihre Eier und Jungen werden von Schweinen und Hunden gefressen, die auf die Galapagos-Inseln gebracht wurden!

Fütterung in einer Krokodilzucht

WIE können wir Reptilien helfen?

Am besten können wir Reptilien helfen, wenn wir sie gut kennen, wenn wir verstehen, wie sie leben, und wenn wir andere über sie informieren. Gesetze können zum Schutz der Reptilien und ihrer Lebensräume beitragen. In guten Zoos kann man Reptilien helfen, indem man Jungtiere aufzieht und dann auswildert.

WER jagt Krokodile?

Krokodile werden von Menschen wegen ihrer Häute gejagt. Die Häute werden zu Taschen, Gürteln und Schuhen verarbeitet. In einigen Ländern sind Krokodile so selten geworden, dass sie gesetzlich geschützt sind. Die seltensten Arten werden in Schutzgebieten gehalten, damit sie sich ungestört **fortpflanzen** können.

Grüne Meeresschildkröten

Nun weiß ich's...

★ Schildkröten sind durch Jagd, Fischfang und Tourismus bedroht.

★ Wir können Reptilien helfen, indem wir ihre Lebensräume und ihren Nachwuchs schützen.

★ Menschen jagen Krokodile.

REPTILIEN-QUIZ

Was hast du dir über Reptilien gemerkt? Teste, was du weißt und wie viel du gelernt hast.

1 Welche Art von Reptil ist ein Gavial?
a) eine Echse
b) ein Krokodil
c) eine Schlange

2 Welches Reptil verändert seine Hautfarbe?
a) ein Blattschwanzgecko
b) eine Korallenschlange
c) ein Chamäleon

3 In welchem Lebensraum lebt eine Gabunviper?
a) im Regenwald
b) in der Wüste
c) im Meer

4 Welche Reptilien werfen ihre Haut ab?
a) Krokodile
b) Schildkröten
c) Schlangen

5 Wo leben Riesenschildkröten?
a) auf den Galapagos-Inseln
b) auf Madagaskar
c) in der Wüste

6 Welches Reptil tötet mit giftigem Speichel?
a) Chuckwalla
b) Komodo-Waran
c) Strumpfbandnattern

7 Wo leben Leistenkrokodile?
a) in der Wüste
b) in Flüssen und im Meer
c) im Regenwald

8 Welches Reptil hat einen paddelartigen Schwanz?
a) Seeschlange
b) Meerechse
c) Schildkröte

9 Wann schlüpfen Schildkrötenjunge?
a) nach zwei Tagen
b) nach zwei Wochen
c) nach zwei Monaten

10 Womit klappert die Klapperschlange?
a) mit dem Schwanz
b) mit den Giftzähnen
c) mit der Zunge

Die Antworten findest du auf Seite 32.

GLOSSAR

Aasfresser Tiere, die sich von toten Tieren ernähren.

Arten Gruppen von Tieren, die sich gleichen und gemeinsam Junge haben können.

aussterben Eine Tierart hört auf zu bestehen.

Beutetier Ein Tier, das von anderen Tieren gejagt und getötet wird.

Drüsen Teile im Körper, die bestimmte Stoffe, wie zum Beispiel Gift, erzeugen und ausscheiden.

fortpflanzen Junge haben.

Giftzähne Lange, scharfe, hohle Zähne, mit denen manche Tiere ihrer Beute Gift einspritzen können.

häuten Die zu klein gewordene Haut abwerfen.

Krokodile Eine Gruppe von Reptilien, zu denen Echte Krokodile, Alligatoren, Kaimane und Gaviale gehören.

lebendgebärend Lebende Junge zur Welt bringen. Die Jungen schlüpfen nicht aus Eiern, sondern entwickeln sich im Körper der Mutter.

Lebensraum Die natürliche Umgebung eines Tieres oder einer Pflanze, wie zum Beispiel Wald oder Wüste.

Parasiten Tiere oder Pflanzen, die auf anderen Tieren oder Pflanzen leben.

Raubtiere Alle fleischfressenden Tiere, die andere Tiere jagen und töten.

Regenwälder Dichte, tropische Wälder, in denen viel Regen fällt.

Reptilien oder Kriechtiere. Wechselwarme Tiere mit schuppiger Haut.

Salzwasser Meerwasser

Säugetiere Gleichwarme Tiere mit knöchernen Skeletten, die ihre Jungen mit Milch füttern. Hunde, Mäuse und Wale sind zum Beispiel Säugetiere.

Speichel Flüssigkeit im Mund eines Tieres.

Süßwasser Wasser von Flüssen und Seen im Unterschied zum salzigen Meerwasser.

Tarnung Farbe, Gestalt und Musterung, durch die ein Tier mit seiner Umgebung verschmilzt. Ein getarntes Tier ist nur schwer zu erkennen.

Tropen Die heißesten Gebiete der Erde. Sie liegen in der Nähe des Äquators.

urinieren Vom Körper nicht gebrauchte Flüssigkeit ausscheiden.

vulkanisch Durch Vulkane entstanden.

wechselwarm Eine Körpertemperatur haben, die sich mit der Temperatur der Umgebung verändert. Wechselwarme Tiere können keine eigene Wärme erzeugen.

Winterschlaf Viele Tiere überstehen in den kalten Gebieten der Erde den Winter durch einen langen, tiefen Schlaf.

Zellen Die winzigen Bausteine eines Lebewesens.

züngeln Die Zunge rasch vor- und zurückschnellen lassen.

STICHWÖRTER

A
Alligatoren 11–12, 31
Anakondas 5
Augen 9, 10, 14
aussterben 28, 31

B
Basilisken (Echsen) 8
Beutetiere 10, 13, 14, 15, 18, 22, 23, 31
Boomslangs 15
Brückenechsen 4
Bungars 26

C
Chamäleons 19
China-Alligatoren 29
Chuckwallas 21

D
Drüsen 15, 31

E
Echsen 4, 5, 8-9, 19, 20, 21, 23, 26, 27
Eier 4, 16-17, 28, 29

F
Färbung 18, 19
Flugdrachen 23
Flüsse 6, 12, 13, 17
Flussmündungen 10
Fortpflanzung 16–17, 28, 29, 31
Fressfeinde 9, 13, 18, 19, 20, 21, 23, 28
Füße 9, 12

G
Gabunvipern 22, 23
Galapagos-Inseln 26, 27, 29
Gaviale 11
Gehörnte Klapperschlangen 24
Geierschildkröten 13
Geschwindigkeit 8, 12, 13
Gift 15, 22
Giftzähne 15, 31
Gopherschildkröten 25

H
Haut 4, 14, 15, 18, 19, 22, 23, 24, 29

J
Jagen 8, 10, 11, 13, 14, 15, 18, 19, 22, 23
Jungtiere 16–17, 28, 29

K
Kaimane 22, 23
Karettschildkröten 12
Klapperschlangen 7, 16, 21
Komodo-Warane 8, 9
Königsschlangen 17
Korallenschlangen 18, 19
Kragenechsen 20, 21
Krokodile 4, 5, 6, 7, 10–11, 17, 31
Krokodilwächter 6

L
Landschildkröten 4, 5, 12–13, 25, 27, 29
Lebensräume 6–7, 24, 29, 31
Leistenkrokodile 5, 10,11

M
Meer 6, 10, 11, 12, 16, 26, 28
Meerechsen 26, 27
Meeresschildkröten 4, 12–13, 16, 17, 28, 29
Milchschlangen 19

N
Nahrung 7, 8, 10, 11, 12, 13, 15, 22, 24, 25, 26, 27
Nilkrokodile 6

P
Panzer 12, 13, 28
Raubtiere 9, 31

R
Regenwälder 6, 18, 22, 23, 31
Riesenschildkröten 5, 27, 29
Ringelnattern 21

S
Schlangen 4, 5, 7, 14–15, 16, 17, 18, 19, 21, 22, 23, 24, 26, 27
Schlangengift 15, 17, 18, 27
Schmuckbaumnattern 23
Schuppen 4, 10, 14, 24
Schwänze 8, 9, 18, 21, 26, 27
Seeschlangen 26, 27
Seitenwinden 24
Skelette 4, 5
Skinks 9, 21
Smaragd-Nachtbaumnattern 15
Speichel 8, 31
Sternschildkröten 12
Strumpfbandnattern 7

T
Tarnung 13, 18–19, 22, 31
Temperatur 6, 7, 24, 25
Tropen 6, 31
Tuataras 4

VW
Vipern 17
Wasser 8, 10, 24, 25, 27
Wasserschildkröten 12
wechselwarm 4, 5, 6, 31
Winterschlaf 7, 31
Wüsten 6, 25
Wüstenteufel 25

Z
Zähne 10, 11, 15, 27, 22, 23
Zellen 19, 31

Antworten zum Reptilien-Quiz auf Seite 30

★ 1 b ★ 2 c ★ 3 a ★ 4 c ★ 5 a ★ 6 b ★ 7 b ★ 8 a ★ 9 c ★ 10 a